*'Llyfr unigryw ac arbennig.'*

Bydd sawl un ohonom yn wynebu salwch difrifol iawn ar ryw adeg yn ein bywydau, neu'n colli rhywun annwyl o ganlyniad i anhwylder o'r fath.

Mae siarad â phlant am ddiagnosis o afiechyd angheuol yn un o'r pethau anoddaf y gall rhiant ei wneud. Crëwyd y llyfr unigryw ac arbennig hwn er mwyn helpu â'r dasg honno. Mae sawl ffordd i'w ddefnyddio a'i rannu.

**Dr Konrad Jacobs**
Seicolegydd Plant Ymgynghorol,
Ysbytai Prifysgol Rhydychen

Bydd breindalau'r awdur a'r arlunydd yn cael eu rhoi i'r elusen 'Mummy's Star' sy'n cefnogi menywod a'u teuluoedd sydd wedi'u heffeithio gan ganser yn ystod beichiogrwydd, a 'We Hear You' (WHY), elusen sy'n cynnig gwasanaeth cwnsela proffesiynol yn rhad ac am ddim i'r rheiny sy'n cael eu heffeithio gan ganser, neu sydd wedi colli anwyliaid drwy ganser neu salwch difrifol arall.

why... we hear you Cancer Counselling Registered Charity No. 1156001

mummy's star

Does Ond Un Fel Fi – Mam
Geiriau gan Lisa Wells a Michelle Robinson
Darluniau gan Catalina Echeverri
Cyhoeddwyd gan Graffeg yn 2022


Addasiad gan Anwen Pierce



Mae cofnod catalog CIP ar gyfer y llyfr hwn ar gael o'r Llyfrgell Brydeinig.



Mae'r cyhoeddwr yn cydnabod cefnogaeth ariannol Cyngor Llyfrau Cymru. www.gwales.com

ISBN 9781802580938

1 2 3 4 5 6 7 8 9

FSC www.fsc.org MIX Paper from responsible sources FSC® C014138

# Does Ond un fel Fi

## Llythyr caru oddi wrth Mam

Geiriau gan Lisa Wells, Michelle Robinson Darluniau gan Catalina Echeverri

GRAFFEG bach

Does ond un mam fel fi –

Hoffwn petai 'na ddwy
Er mwyn cael mwy o amser
Yn dy gwmni, 'mond ni'n dwy.

Does ond un mam fel fi –
Hoffwn petai tair, yn wir.

Fe deithiwn yn bell 'da'n gilydd
A chrwydro dros fôr a thir.

Does ond un mam fel fi –

Hoffwn petai pedair wrth law.

Fe lapiwn fy mreichiau amdanat
A lleddfu pob pryder a braw.

Does ond un mam fel fi –
Byddai pump yn beth mor braf.
Dywedwn faint rwy'n dy garu
Bob dydd, drwy'r gaeaf a'r haf.

Ond mae amser yn beth prin,
Ac un ohona i sydd.
Mae cymaint yr hoffwn ei wneud
A llenwi bob un dydd ...

Yn rhannu pob gwên hapus
A sychu pob un deigryn,
Cael dal dy law, dy arwain di
Bob wythnos, mis a blwyddyn.

I ddweud "Dwi'n browd ohonot."

Dy ddysgu dy fod yn gry',

I ddweud 'mod i'n dy garu

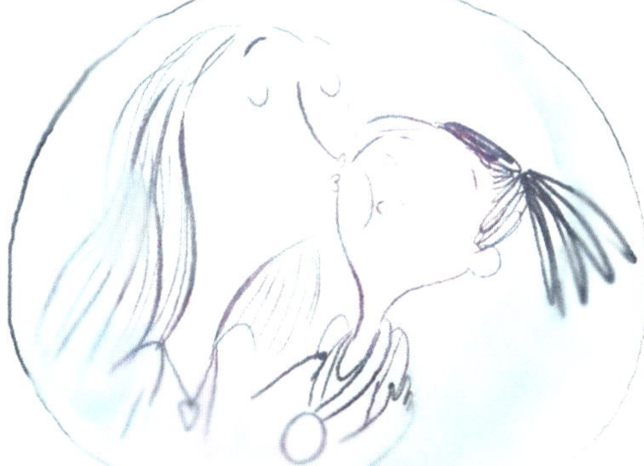

Pan fyddi hebdda i.

Felly rwy' am ofyn i Dad
A Nain a Taid, a'n ffrindiau,
Ac Anti Beti ac Wncwl Jac –

I ddilyn rhestr o dasgau ...

Plis trïwch fod yn fam –

Rhowch arni gynnig gwiw.

Petawn i'n marw, ceisiwch chi
Ei dysgu sut mae byw.

Rhowch iddi eich holl gariad,
A mentro dros bant a bryn,

A'i chadw'n saff pan fydda i
Ddim yno i'w chwtsho'n dynn.

Mi wna i dy helpu i dyfu,
A gall amser wella'r clwy.
Pan fydd y dorf yn gweiddi,
Mi fydda i'n gweiddi mwy.

Am hyn yr wyf yn gofyn,
Ond ga i ofyn rhywbeth i ti?
Y mae cymwynas fach i'w gwneud
Fydd yn fy helpu i.

Paid poeni os daw'r dagrau,

Mae'n iawn os wyt am weiddi.

Mae hwyl a gwên yn gwella'r clwy –

Mae sawl math o dristwch, weli di.

Cei fod fel fi, ryw fymryn,

Bydd garedig

a hapus

a chry',

A chofio'r holl amserau da

Wrth i ti fy nghofio i.

Dwi'n dy garu am byth,
Mam xxx

# Lisa Wells

Cafodd Lisa Wells ddiagnosis o ganser angheuol yn y coluddyn a'r afu yn Rhagfyr 2017. A hithau'n benderfynol o adael gwaddol o gariad i Ava-Lily (5 oed) a Saffia (10 mis oed), creodd Lisa's Army UK – tîm o anwyliaid a fydd yn helpu cefnogi ei gŵr Dan a'r merched yn y dyfodol – un na fydd Lisa ei hun yn ei weld. Mae hi wedi codi dros £83k i elusennau ac wedi ennill gwobr Star Mum Award cylchgrawn *Hello!*. Dechreuodd y llyfr gwreiddiol, *Only One of Me*, fel llythyr caru oddi wrth Lisa i'w merched. Mae'n gobeithio y bydd y gyfrol yn dod â chysur i'ch teulu chi hefyd. www.lisasarmy.co.uk

# Michelle Robinson

Mae Lisa'n byw o fewn tafliad carreg i'w chyd-awdur Lisa yn Frome, Gwlad yr Haf. Cafodd tad Michelle ddiagnosis o ganser y coluddyn yn 2016.

Cwrdd a gweithio gyda Lisa yw uchafbwynt gyrfa Michelle hyd yn hyn, yn fwy o uchafbwynt hyd yn oed na chael Tim Peake yn darllen ei llyfr *Goodnight Spaceman* i'r Ddaear o'r gofod! Ymhlith llyfrau eraill Michelle y mae *Ten Fat Sausages*, *How to Wash a Woolly Mammoth* a *Tooth Fairy in Training*. michellerobinson.co.uk

# Catalina Echeverri

Ganwyd Catalina Echeverri yn Bogota, Columbia, ac mae'n fam i ferch fach. Astudiodd Gynllunio Graffeg ym Milano, yr Eidal, ac astudio darlunio llyfrau plant yng Nghaergrawnt, Lloegr, cyn ymgartrefu yn Llundain.

Mae wedi gweithio â chwsmeriaid cenedlaethol a rhyngwladol, a chyrhaeddodd ei llyfr *There's a Dinosaur in my Bathtub* restr fer yr AOI Illustration Awards. www.cataverri.com

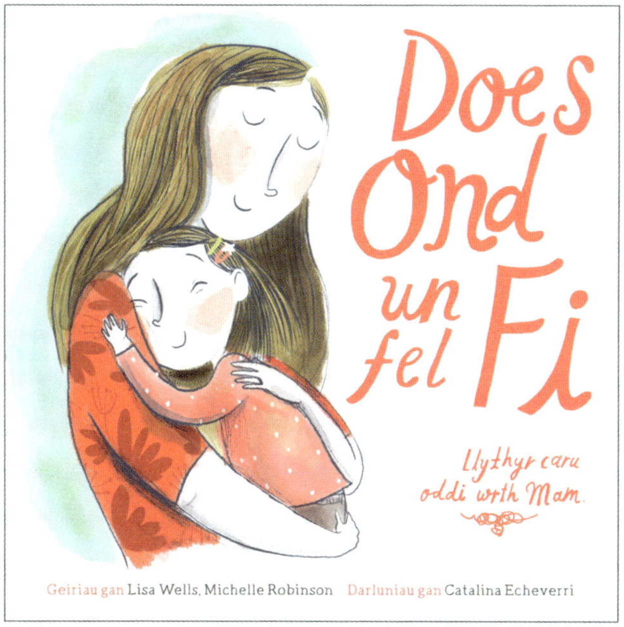


Mae copïau o'r ddau lyfr ar gael mewn siopau llyfrau ac ar www.graffeg.com